Jésus appelle

Textes : Albert Hari - Charles Singer
Illustrateurs : Mariano Valsesia - Betti Ferrero

CHAPITRE 1 •	*Les premiers amis*	2
CHAPITRE 2 •	*L'équipe des Douze*	8
CHAPITRE 3 •	*Des gens peu fréquentables*	14
CHAPITRE 4 •	*Le jeune homme riche*	20
CHAPITRE 5 •	*Un chemin exigeant*	26
REGARDS •	*Le pays de Jésus*	32

CHAPITRE 1

Les premiers amis

Guido Di Pietro, dit **Fra Angelico** (1400 - 1455), Missel, lettre ornée : Vocation de Saint Pierre et de Saint André (ms.558 fol.13v°)

Pour décorer cette lettre de Missel, ce livre de piété contenant les prières de la messe, Fra Angelico utilise des couleurs vives. Il joue sur l'intensité lumineuse du coloris. Il ne respecte pas les perspectives, ce qui donne à l'ensemble une vision simplifiée de la réalité.

© Orsi Battaglini-Giraudon / Museo di San Marco, Florence (Italie)

Histoire

Au bord du lac

Vue sur Nazareth

Jésus a vécu 30 ans à Nazareth. Un jour, il décide de partir. Il quitte sa famille, ses amis, son village. Pourquoi ? Il sait que la tâche qui l'attend dépasse de beaucoup son pays d'origine.

À 30 km de Nazareth, vers l'est, au fond d'une vallée s'étend le lac de Tibériade*. Les eaux sont claires. Le poisson est abondant. Les pêcheurs sont affairés avec leurs barques et leurs filets. Jésus parle avec eux.

Jésus ne veut pas agir seul. Ensemble on est plus efficace. Il demande à des pêcheurs de le suivre. Ils sont quatre venant de deux familles différentes : Simon et André son frère, ainsi que Jacques et Jean son frère.

* **Le lac de Tibériade** *est aussi appelé lac de Gennésaret ou mer de Galilée. Il s'étend sur 21 km de long et 12 de large entre les collines verdoyantes de Galilée et les sommets désertiques de Syrie.*

Le Lac de Tibériade

Environ quarante ans plus tard

Marc a écrit son évangile autour de l'année 65 à Rome. À cette date Simon (qui sera appelé Pierre) et Jacques ont déjà été mis à mort pour avoir suivi Jésus. Marc n'était pas présent au bord du lac. Mais Pierre lui a certainement raconté comment sa première rencontre avec Jésus a transformé sa vie : avant, il rassemblait des poissons dans un filet, maintenant, il essaie de réunir des humains pour la Bonne Nouvelle. Il est devenu «pêcheur d'hommes».

Pêcheur du Sri Lanka

Bible

Pêcheurs d'hommes

Évangile selon saint Marc, chapitre 1, versets 14 à 20.

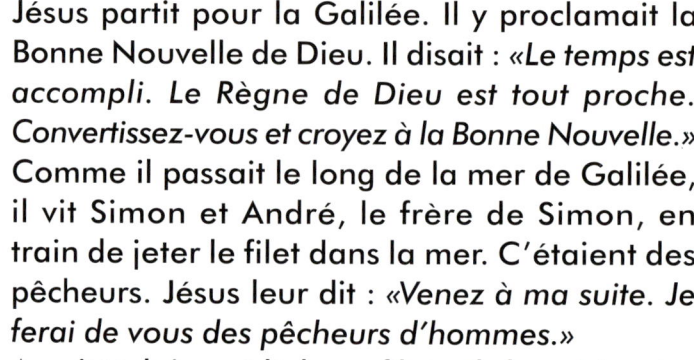

Jésus partit pour la Galilée. Il y proclamait la Bonne Nouvelle de Dieu. Il disait : *«Le temps est accompli. Le Règne de Dieu est tout proche. Convertissez-vous et croyez à la Bonne Nouvelle.»* Comme il passait le long de la mer de Galilée, il vit Simon et André, le frère de Simon, en train de jeter le filet dans la mer. C'étaient des pêcheurs. Jésus leur dit : *«Venez à ma suite. Je ferai de vous des pêcheurs d'hommes.»*
Aussitôt, laissant là leurs filets, ils le suivirent. Quelques pas plus loin, Jésus vit Jacques, le fils de Zébédée et son frère Jean. Ils étaient dans leur barque en train d'arranger leurs filets. Aussitôt Jésus les appela. Et laissant leur père Zébédée dans la barque avec les ouvriers, ils partirent à sa suite.

Règne de Dieu

Au temps de Jésus cette expression faisait penser à une époque où tous seraient heureux. L'Évangile ne définit pas le Règne (ou le Royaume) de Dieu. Il le décrit. Il est comme une semence, comme un levain. Il est déjà commencé. Il est encore à venir.

Bonne Nouvelle

En grec Évangile (euaggelion) signifie Bonne Nouvelle. C'est l'annonce que Dieu vient rendre les hommes heureux pour toujours. Jésus annonce la Bonne Nouvelle aux pauvres. Ses apôtres sont envoyés pour la porter à toute créature. Les quatre évangiles (Matthieu, Marc, Luc et Jean) sont les livres de la Bonne Nouvelle.

Zébédée

C'est un beau nom. En hébreu il se dit «*Zabday*» et signifie «*cadeau de Yahvé*» ou «*cadeau de Dieu*». En français on dirait «*Dieudonné*»

Aujourd'hui

L'appel à le suivre

Le jour vient

Le jour vient où il faut quitter sa famille, le cercle étroit où l'on se sent entouré et aimé. Le jour vient où il faut se lancer dans un projet de vie à réaliser. Le jour vient où il faut partir pour créer, inventer, entreprendre par soi-même.

Le jour de Jésus

Le jour où Jésus se rend compte qu'il doit quitter sa famille, son village, afin de remplir la mission que son Père lui a confiée : annoncer publiquement l'amour de Dieu.

Appel

Lorsqu'on a besoin de quelqu'un pour accomplir un travail délicat, pour remplir une mission, on «appelle». On dit son nom : «Viens ! Ta présence et tes capacités sont nécessaires pour participer à la réalisation de cette magnifique entreprise. Veux-tu être de cette mission ?»

Réponse

Celui qui est appelé pour une mission se sent interpellé. Il se dit : «Suis-je concerné par cet appel ? Suis-je capable de me lancer dans cette mission ?» Puis, après avoir réfléchi, l'appelé décide : «Tu m'as appelé ? Me voici ! Je décide de venir avec toi !»

Avec d'autres

Le projet pour lequel Jésus appelle est immense et difficile. Il peut remplir de crainte. Mais d'autres ont eux aussi été appelés pour cette mission. Ainsi les appelés peuvent s'encourager et se soutenir les uns les autres. Ainsi les efforts de tous les appelés peuvent être réunis. Leur énergie, leur foi, leur enthousiasme ont la force de transporter des montagnes !

Ils ont décidé

Ils ont tous les âges,
femmes, hommes et enfants.
Ils sont d'ici, ils sont d'ailleurs,
ils sont ouvriers, ils sont artistes,
ils sont écoliers, ils sont chômeurs,
ils sont riches, ils n'ont presque rien,
ils viennent de partout
et ils se regroupent !

L'appel de Jésus
leur est parvenu
jusque dans leur cœur,
jusque dans leur intelligence,
jusque dans leur vie !

Ils ont décidé
de faire confiance à Jésus,
de croire en lui,
de se fier entièrement à sa Parole.

Ils ont décidé
de suivre Jésus-Christ
tels qu'ils sont, grands ou petits,
justes ou pécheurs,
courageux ou faibles
et d'aller avec lui
par n'importe quel difficile chemin
afin de remplir la mission
que Jésus leur confie :
annoncer l'amour de Dieu
jusqu'aux extrémités
de la terre !

CHAPITRE • 2
L'équipe des Douze

Guido Di Pietro, dit **Fra Angelico** (vers 1400-1455), Le Sermon sur la montagne (après restauration)

Dans ce tableau, au contraire du premier, ce peintre italien va utiliser des couleurs à la limite de la transparence. Les visages des personnages sont détaillés mais restent empreints d'une grande simplicité. Le décor est sobre, aucun surplus de détails. Il crée un dépouillement propre à la méditation.

© Orsi Battaglini - Giraudon / Museo di San Marco, Florence (Italie)

Histoire

Ils ont suivi Jésus

Sculpture représentant Pierre en l'église Saint Pierre aux Liens de Rome en Italie

Jésus n'agit pas seul. Il appelle, fonde, crée, organise une équipe. Ils sont douze, ce chiffre rappelle les douze tribus d'Israël, c'est-à-dire tout Israël. Il signifie la totalité. Ils sont appelés pour rester avec Jésus, pour être envoyés. Le responsable du groupe est Pierre. Judas est chargé des finances. Les Douze restent avec Jésus jusqu'à son arrestation. Puis ils se dispersent pour un temps.

Les Douze ne sont pas seuls. Avec eux il y a soixante-douze disciples que l'on oublie souvent. Au risque d'étonner les gens de l'époque, Jésus est accompagné par un groupe de femmes. À la différence des Douze, elles suivent Jésus jusqu'à la croix !*

Ils ont continué après lui

Après la mort de Jésus et l'annonce de sa résurrection, les Douze, sauf Judas le traître, reprennent courage. Maintenant que Jésus est absent, ils comprennent de façon nouvelle ce que cela veut dire : «être avec lui» et «être envoyé par lui». Tout dépend d'eux. Ils porteront la Bonne Nouvelle jusqu'au bout du monde connu.

De nouveaux apôtres, comme Paul, les bousculent pour être de plus en plus audacieux. Les femmes jouent un rôle important pour l'accueil des groupes chrétiens dans les maisons.
Quand, dans les communautés, on lit le texte qui raconte l'appel des Douze, les chrétiens sont invités à comprendre que leurs responsables sont envoyés par Jésus. En entendant que Jésus «créa les Douze», ils comprennent mieux qu'ils participent eux aussi à cette nouvelle création.

Statue représentant Marie de Magdala à Lestelle-Betharam, en France

* *Parmi les femmes qui ont suivi Jésus et dont parle l'Évangile on peut citer : «Marie de Magdala, Jeanne, femme de Chouza, Suzanne et d'autres» (Luc 8,2-3), «Marie la mère de Jésus et la sœur de sa mère» (Jean 19,25), «de nombreuses femmes qui avaient suivi Jésus depuis la Galilée... Marie, mère de Jacques et de Joseph et la mère des fils de Zébédée» (Matthieu 27,55-56).*

Bible

Il créa les Douze
Évangile selon saint Marc, chapitre 3, versets 13 à 19.

Jésus gravit la montagne. Il appelle ceux qu'il voulait et ils vinrent à lui. Il créa les Douze pour être avec lui et pour les envoyer prêcher, avec pouvoir de chasser les démons.
Il créa les Douze :
Simon, auquel il donna le nom de Pierre,
Jacques, le fils de Zébédée,
et Jean, le frère de Jacques.
Il leur donna le nom de Boanergès,
c'est-à-dire fils du tonnerre.
Et André
et Philippe
et Barthélemy
et Matthieu
et Thomas
et Jacques, le fils d'Alphée
et Thaddée
et Simon le Zélote
et Judas Iscarioth, celui-même qui le livra.

Que signifient les noms des douze apôtres ?

Simon : Dieu a exaucé.
Pierre : rocher.
Jean : Dieu a fait grâce.
Jacques : il supplantera.
André : courageux.
Philippe : qui aime les chevaux.
Barthélemy : fils de Tolomaï (Ptolémée).
Matthieu : don de Dieu.
Thomas : jumeau.
Jacques, fils d'Alphée : Jacques, fils du bouvier.
Thaddée : à la mamelle.
Simon le Zélote : Simon le partisan inconditionnel.
Judas : terre ravinée.
Iscarioth : l'homme de Karioth (localité près d'Hébron).

Pourquoi douze?

Douze n'est pas un nombre quelconque. Il a un sens. Il signifie la totalité. Il y avait douze tribus en Israël. Il y a douze mois dans l'année. Jésus choisit douze apôtres.

Aujourd'hui

Une équipe décidée

Équipe...

Impossible de réussir un grand projet sans réunir une équipe choisie avec soin. Les équipiers se regroupent autour de celui qui a créé le projet et mettent en pratique les plans qu'il a conçus. Ce travail les passionne tellement qu'ils s'y consacrent entièrement.

... variée

La force d'une équipe et sa capacité créatrice proviennent de la diversité de ses membres. Il faut des idées variées, des caractères différents, des intelligences, des origines, des façons d'agir nombreuses. Ainsi le génie de chacun permettra au projet d'être mené jusqu'à son achèvement.

Unique

Chacun a sa place précise dans l'équipe. Son talent, son savoir-faire, sa présence sont irremplaçables parce qu'uniques. Dans une équipe chacun joue son rôle essentiel qu'il est seul à pouvoir remplir.

Mission

L'équipe variée rassemblée par Jésus est constituée par tous ceux qui répondent à son appel et qui mettent en pratique sa Parole. À cette équipe-là — les chrétiens —, Jésus confie la mission d'annoncer la Bonne Nouvelle de l'amour de Dieu.

Apôtres

Chacun est appelé à être un apôtre, c'est-à-dire un envoyé, un annonceur. Car à chacun Jésus-Christ fait confiance. Chacun, avec les dons de son esprit et de son corps, est appelé par lui pour être apôtre, son envoyé, son annonceur afin de rendre visible l'amour de Dieu pour tous les humains.

Nombreux !

Qu'ils sont nombreux
les apôtres du Christ !
Qu'ils sont variés
les noms des apôtres d'aujourd'hui !

Que font-ils aujourd'hui
les apôtres de Jésus-Christ ?
Ils pardonnent à ceux qui offensent.
Ils utilisent le pouvoir de la douceur.
Ils aiment Dieu et le prochain
du même amour
plus fort que tout.

Que font-ils, les apôtres
d'aujourd'hui ?
Ils tendent les mains
par-dessus les rancunes.
Ils écartent le venin de la jalousie.
Ils partagent le pain.
Ils prient leur Père qui est aux cieux
et ils offrent du bonheur
à tous ses enfants
qui sont sur la terre.

À la nombreuse liste
des apôtres d'aujourd'hui
veux-tu ajouter
ton nom et ton prénom ?

CHAPITRE • 3

Des gens peu fréquentables

Paolo Caliari
dit **Véronèse,**
(1528-1588),
Le Banquet chez Lévi

Véronèse a un amour pour la couleur, pour le mouvement. Il donne vie aux éléments d'architecture qu'il utilise à merveille dans ce tableau. Il réalise de façon quasi théâtrale un reflet de la vie mondaine de la Venise du seizième siècle tout en narrant l'épisode de la rencontre de Jésus et de Lévi.

© Giraudon - Collection particulière, Paris (France)

Histoire

C'est un scandale !

Les douaniers, les collecteurs d'impôts*, sont mal vus en Israël. On les appelle des *«publicains»*. Le peuple leur reproche de s'enrichir injustement, d'exiger plus de taxes que l'État n'en demande et de garder la différence pour eux. Les pharisiens leur reprochent d'être au contact avec les païens et donc d'être impurs. On les regarde comme des pécheurs.

Voici que Jésus fait un geste étonnant. Il appelle un douanier, Lévi fils d'Alphée, à le suivre. Celui-ci organise un repas dans sa maison avec ses amis publicains. Jésus et ses disciples sont invités. Les scribes du parti des pharisiens crient au scandale : *«On ne mange pas avec de tels gens !»* Jésus explique son geste : *«Je ne suis pas venu appeler les justes, mais les pécheurs.»*

Femme préparant du pain en Égypte

Être accueillant

Après la mort et la résurrection de Jésus, les chrétiens se réunissent souvent pour manger ensemble, prier, se souvenir de Jésus. Bientôt, des problèmes surviennent. Dans ces assemblées, il arrive que les riches aient les meilleures places et que les pauvres soient laissés de côté. D'autre part, certains chrétiens, d'origine juive, refusent de partager le repas avec des chrétiens d'origine païenne.

Villageois offrant du pain en Roumanie

Collecte des feuilles de thé au Sri Lanka

L'exemple de Jésus qui mange avec les publicains et les pécheurs, aide les premiers chrétiens à comprendre qu'ils sont appelés à accueillir tous les gens autour d'une même table. Devant Dieu, il n'y a ni juif ni païen, ni esclave ni homme libre.

* De nombreux impôts frappaient les contemporains de Jésus. Pour l'empire romain ils payaient des taxes sur le sol, sur les personnes, sur l'utilisation des routes, des ponts, des marchés. Les publicains étaient chargés de collecter cet argent. En outre les Juifs payaient un impôt pour le Temple et des dîmes (un dixième) sur la terre et sur les produits du sol.

Bible

Jésus et Lévi

Évangile selon saint Marc, chapitre 2, versets 13 à 17.

Jésus sortit de nouveau le long de la mer. Toute la foule venait à lui. Et il les enseignait.
En passant, il vit Lévi, le fils d'Alphée, assis au bureau de la douane. Il lui dit : «*Suis-moi.*» Il se leva et le suivait.
Voici Jésus à table dans la maison de Lévi. De nombreux publicains et pécheurs se trouvaient à table avec Jésus et ses disciples, car ils étaient nombreux à le suivre. Et les scribes et les pharisiens, le voyant manger avec des pécheurs et des publicains, disaient à ses disciples : «*Eh quoi ? Il mange avec des publicains et des pécheurs !*»
Ayant entendu cela, Jésus leur dit : «*Ce ne sont pas les bien portants qui ont besoin du médecin, mais les malades. Je ne suis pas venu appeler les justes mais les pécheurs.*»

Lévi

Le *«Lévi»* dont parle le texte biblique est probablement *«Matthieu, le publicain»* (Mt 10,3), l'auteur de l'évangile qui porte son nom.

«Suis-moi !»

Dans l'Évangile, *«suivre quelqu'un»* ne signifie pas seulement *«marcher derrière quelqu'un»*. Suivre Jésus signifie s'attacher à lui, partager sa vie et son action, croire en lui, être prêt à donner sa vie pour lui.

Pharisiens

Ce sont des fanatiques de la loi juive. Ils veulent la faire appliquer dans tous les détails. L'Évangile leur reproche souvent leur fanatisme et leur hypocrisie.

Aujourd'hui

Chance pour chacun

Juste
Qui donc peut prétendre être juste, c'est-à-dire sans péché ? Personne, sauf Jésus-Christ, car lui seul, durant toute sa vie, a aimé Dieu et le prochain de toutes ses forces !
Être juste consiste à essayer de vivre en aimant Dieu comme un Père et le prochain comme un frère.

Pécheur
Chacun est pécheur car en chacun le mal parvient parfois à installer son pouvoir. Mais personne n'est définitivement coincé dans son péché. Être pécheur consiste à vivre éloigné de l'amour de Dieu et du prochain.

Renommée
Les humains ont plaisir à classer les autres en justes et en pécheurs, en bons et en mauvais. De quel droit le font-ils ? Ne sont-ils pas, chacun, à la fois justes et pécheurs ?

Chance
Ce n'est pas parce qu'on a commis le mal qu'on doit être considéré comme définitivement mauvais ! Chacun, avec l'aide de Dieu, est capable de changer : de se convertir. Chacun avec l'aide de Dieu, a toujours la chance de s'arracher au pouvoir du mal.

Rejeté
Pour Jésus il n'y a pas de rejetés. Pour lui, personne n'est condamné pour toujours. Il appelle chacun à se détourner du mal et à s'accrocher à son amour. Pour Dieu notre Père il n'y a pas de pécheurs mal-vus mais uniquement des enfants bien-vus de sa tendresse !

Comme tout le monde

Comme tout le monde,
nous sommes comme tout le monde :

un jour
remplis de générosité
qui distribue sans compter
et un autre jour
gonflés de hargne
qui sème la colère !

Un jour
mes lèvres offrent
le soleil du sourire
et un autre jour
nos mots crachent
la moquerie qui tranche
plus durement qu'un couteau.

Comme tout le monde,
nous sommes justes
et pécheurs !

Comme à tout le monde
Dieu nous fait confiance
et nous donne sans cesse
la chance
de vivre dans la lumière,
à son image
et à sa ressemblance !

CHAPITRE 4

Le jeune homme riche

Peinture murale représentant le Christ au monastère d'Eski Gümüs en Turquie.

Les bleus et les rouges donnent un aspect naïf à la réalisation. Les yeux sont largement marqués, les joues matérialisées par des touches de couleurs plus vives.

© F. Zvardon

Un nouveau venu

Jeune palestinien sur un âne

Histoire

Beaucoup de gens suivent Jésus. Certains ont tout quitté pour être avec lui. Pierre, André et Jean ont laissé leur père et sa petite entreprise de pêche. Lévi a arrêté son travail au bureau de douane. D'autres se sont séparés de leur maison, de leur famille, de leur village. Certains sont pauvres. Ils ne possèdent ni biens, ni emploi, ni famille. Ils sont plus libres pour suivre Jésus.

Voici un nouveau venu. Il accourt vers Jésus. Il est plein de bonnes intentions : «*Que faut-il faire pour avoir la vie éternelle ?*» Il observe déjà avec soin les commandements. Jésus lui propose de faire davantage : «*Vends tes biens et donne l'argent aux pauvres !*» Il baisse la tête et s'en va tout triste. Il est trop attaché à ses richesses.

Des pauvres et des riches

Marc raconte ce souvenir aux chrétiens de sa communauté. Parmi eux il y a des pauvres et des riches. C'est surtout à ces derniers qu'il s'adresse ici. Que veut-il leur dire ?
- Que Jésus les aime aussi comme il a aimé l'homme qui était accouru vers lui.
- Que Jésus leur demande d'observer les commandements. Mais Marc en ajoute un dans la liste : «*Tu ne frustreras personne de son dû.*» Cela signifie que ceux qui ont des domestiques, des esclaves ou des ouvriers doivent payer un juste salaire*.
- Que Jésus leur propose d'aller plus loin. Certains chrétiens ont déjà vendu leurs biens et partagé l'argent avec les pauvres**. Pourquoi n'en feriez-vous pas autant ? La joie du partage vaut mieux que la tristesse du chacun pour soi.

Statue du Jardin du Musée d'Israël à Jérusalem

Transport de briques au Népal

* Saint Jacques écrit aux riches : «Voyez, le salaire, dont vous avez frustré les ouvriers, et les clameurs des moissonneurs sont parvenues aux oreilles du Seigneur.» (Jacques 5,4)

** Les Actes des Apôtres qui racontent la vie des premiers chrétiens disent : «Tous ceux qui étaient devenus croyants étaient unis et mettaient tout en commun.» (Actes 2,44)

Bible

Jésus l'aima

Évangile selon saint Marc, chapitre 10, versets 17 à 22.

Comme Jésus se mettait en route, quelqu'un accourut, se jeta à genoux devant lui et lui demanda : «Bon maître, que dois-je faire pour avoir en partage la vie éternelle ?»
Jésus lui dit : «Pourquoi me dis-tu bon ? Nul n'est bon sinon Dieu seul. Tu connais les commandements : «Ne tue pas, ne commets pas d'adultère, ne vole pas, ne porte pas de faux témoignage, ne frustre personne de son dû, honore ton père et ta mère.» »
Mais celui-ci lui dit : «Maître, toutes ces choses, je les ai observées avec soin depuis ma jeunesse.» Jésus, ayant fixé sur lui son regard, l'aima et lui dit : «Une seule chose te manque. Va, vends ce que tu as. Donne-le aux pauvres et tu auras un trésor dans le ciel. Puis viens, suis-moi !»
Mais il s'assombrit à cette parole et il s'en alla tout triste. Car il avait beaucoup de biens.

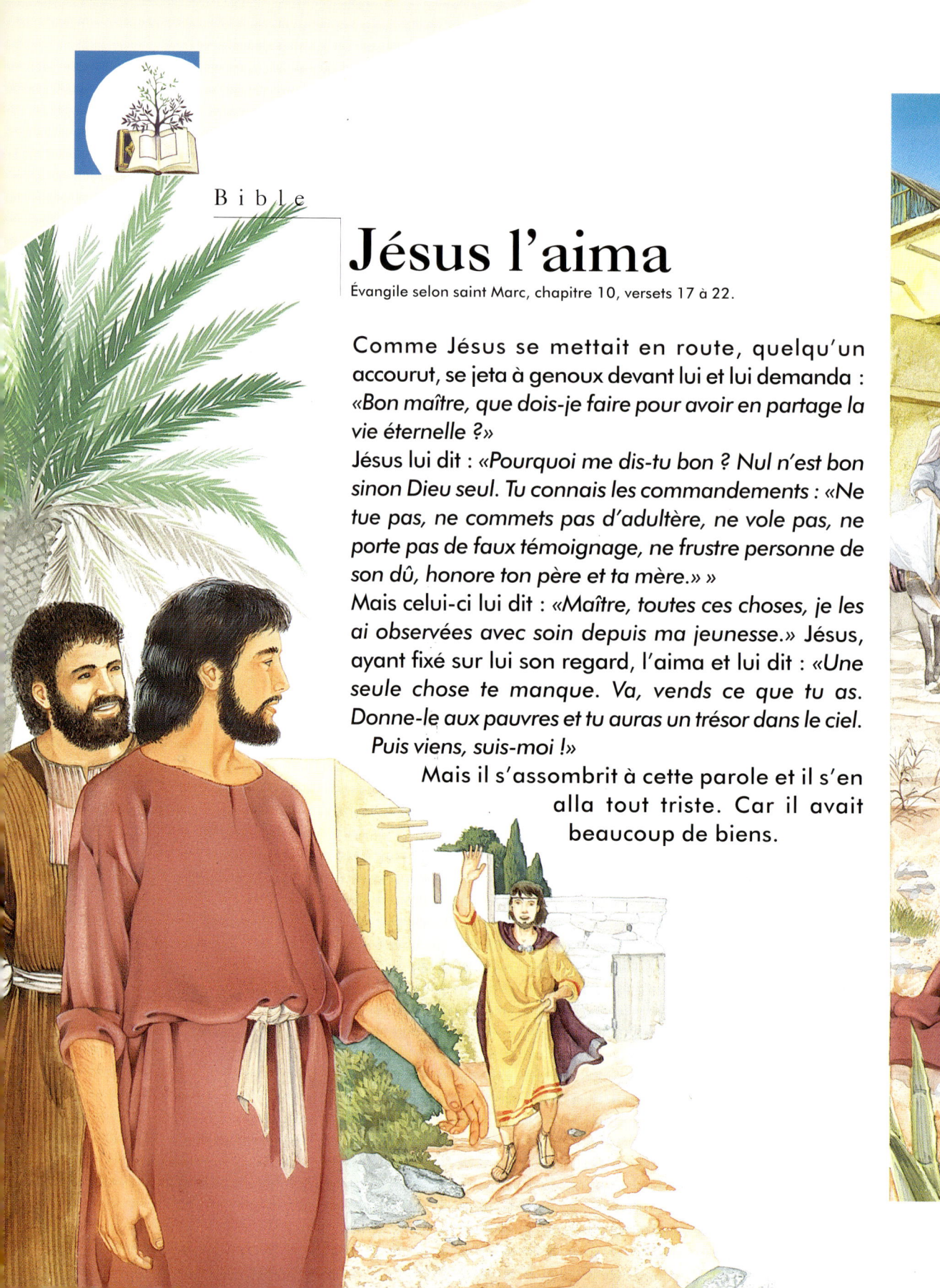

Bon maître

Les maîtres ou rabbins ne se faisaient jamais appeler «*bons*». Jésus n'est pas un maître comme les autres.

Commandements

Il s'agit de la Loi de Moïse que tous connaissaient. Au cœur de cette loi il y a les «*dix commandements*».

Il s'en alla

Jésus ne force personne. Chacun est libre de le suivre ou de s'en aller.

Aujourd'hui

Difficile décision

Richesse

On est riche lorsqu'on peut posséder tout ce dont on a envie et dépenser sans calculer pour le lendemain... On est riche lorsqu'on a la possibilité de rencontrer de nombreuses personnes, lorsqu'on a des amis et qu'on est aimé, lorsqu'on a de nombreuses capacités et qualités... Être riche n'est pas un mal. C'est une grande responsabilité.

Ligoté

Jésus ne rejette pas les riches. Il ne rejette jamais personne ! Il les prévient seulement de peur qu'ils ne se laissent ligoter et emprisonner par la richesse qu'ils possèdent.
N'est-on pas ligoté par la richesse quand on n'a plus d'autre souci que de posséder pour soi ?

Suivre Jésus...

Comment suivre Jésus et faire partie de son équipe de Bonne Nouvelle si on reste accroché à la richesse ? Si on est incapable de chercher autre chose que posséder ?

... plus loin

Avec Jésus on prend le chemin de l'amour. Sur ce chemin-là on partage, on ne garde pas pour soi seul. Sur ce chemin-là, avec Jésus, on ne donne pas une part seulement mais la totalité !

Au choix

Jésus laisse chacun libre dans son choix : accepter ou refuser d'aller plus loin, partager ou posséder pour soi.
Quelle que soit la décision prise, l'amour du Christ demeure entièrement offert à chacun.

Trésors

Quels trésors inestimables
en votre possession :
la bonté de votre cœur,
la joie de votre sourire,
les capacités de vos mains
et de votre intelligence !
Les partagerez-vous avec largesse ?

Quelles richesses
en votre possession !

Par exemple les mots de vos lèvres !
Les utiliserez-vous
pour prendre la défense
de ceux qui sont persécutés ?

Par exemple la force de votre courage !
L'utiliserez-vous
pour soutenir ceux qui tombent
sous le poids du chagrin ?

Par exemple le bonheur de votre vie
l'utiliserez-vous
pour entourer de lumière
ceux qui se perdent
dans la nuit de l'inquiétude ?

Quels trésors
chez vous !
Les offrirez-vous
à la suite
du Christ Jésus ?

CHAPITRE • 5

Un chemin exigeant

Missel, Lettre «D» ornée : L'Entrée dans Jérusalem, vers 1500

Cette lettrine «D» décorée, d'un missel italien du début du quinzième, est un mélange harmonieux de couleurs vives et de pastels. Elle a été réalisée selon la technique miniaturiste. On constate un aspect graphique des formes qui rappellent le dessin ou certaines ébauches.

© Bridgeman-Giraudon / Wallace Collection, Londres (Angleterre)

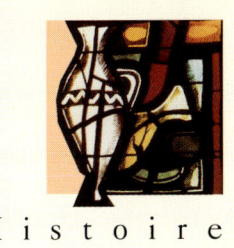

Histoire

Savoir où on va

Le Colisée de Rome en Italie

On peut suivre Jésus pour beaucoup de raisons. Certains pensent qu'il va chasser les Romains*. Ils espèrent avoir une bonne place dans le Royaume qu'il annonce. Jésus ne veut pas les tromper. Il leur dit que cela ne sera pas toujours facile. Ils seront loin de leur famille. Ils n'auront pas un lit tous les soirs. Il leur faudra porter la croix quotidienne.

Jésus se prépare à monter à Jérusalem. Là, il affrontera les chefs du peuple et de la religion. Ceux-ci ne sont pas d'accord avec la Bonne Nouvelle qu'il annonce. Monter à Jérusalem c'est risquer sa vie. Jésus y sera crucifié. Ceux qui ont commencé à répondre à son appel le suivront-ils jusqu'au bout ?

Se souvenir des paroles de Jésus

Il y a des paroles qui redonnent du courage. En relisant, bien plus tard, dans l'Évangile de Luc les paroles de Jésus, les premiers chrétiens peuvent mieux comprendre les difficultés dans lesquelles ils vivent à cause de l'Évangile : séparation avec la famille, voyages pour porter la Bonne Nouvelle, difficultés de la vie quotidienne.

Pont dans les Carpates en Roumanie

Statue de soldat romain du Pont Victor Emmanuel II à Rome en Italie

* À l'époque de Jésus son pays était occupé par les légions romaines. Un représentant de l'empereur (Ponce Pilate) contrôlait tout le pays. Beaucoup de contemporains de Jésus aspiraient à une libération.

Bible

Prendre sa croix
Évangile selon saint Luc, chapitre 9, versets 57 à 61 et 23.

Comme ils étaient en route, quelqu'un dit à Jésus : «*Je te suivrai partout où tu iras.*» Alors Jésus lui dit : «*Les renards ont des tanières et les oiseaux du ciel des nids. Mais le Fils de l'homme n'a pas où reposer sa tête.*» ...

Un autre encore lui dit : «*Je te suivrai, Seigneur. Mais permets-moi d'abord de faire mes adieux à ma famille.*» Jésus lui dit : «*Celui qui a mis la main à la charrue et regarde en arrière n'est pas apte au Royaume de Dieu.*» ...

Jésus dit à tous : «*Si quelqu'un veut venir avec moi, qu'il renonce à lui-même, qu'il prenne sa croix chaque jour et qu'il me suive.*»

En route

Après avoir quitté son village de Nazareth, Jésus a parcouru le pays. Il était toujours sur les chemins. En entendant ses paroles et en voyant ses actions beaucoup de ses contemporains désiraient le suivre.

Fils de l'homme

Cette expression rappelle une vision du prophète Daniel (vers 175 avant Jésus-Christ). Il décrit la venue d'un Fils de l'homme sur les nuées du ciel pour sauver les siens lors du jugement. Les premiers chrétiens ont compris que Jésus est le Fils de l'homme qui doit venir à la fin des temps.

Croix

La croix était un instrument de supplice terrible et humiliant. Au début ceux qui avaient suivi Jésus étaient scandalisés par sa crucifixion. Peu à peu ils ont compris qu'il leur faut aussi «*porter leur croix*» tous les jours.

Aujourd'hui

Un chemin rocailleux

Vivre

Jésus n'est pas un révolutionnaire ni un philosophe aux idées nouvelles ni un maître à penser aux théories intéressantes. Jésus est le sauveur venant libérer les humains de tout ce qui les emprisonne. Jésus est le Fils de Dieu venant apprendre aux humains à vivre dans l'amour de Dieu et du prochain.

Chemin de vie

Ceux qui décident de suivre Jésus choisissent un chemin sur lequel ils changent de vie. Jésus les emmène sur un chemin où ils deviennent plus grands ! Un chemin sur lequel ils grandissent en partage, en don, en foi !

Chemin difficile

Le chemin sur lequel Jésus appelle ses amis est difficile et obstrué d'obstacles. Avec Jésus il est question de renoncer à l'égoïsme, de quitter l'orgueil, de s'arracher à la petitesse, de porter le fardeau des autres, de croire en lui sans le voir...

Chemin nouveau

Le chemin sur lequel Jésus appelle est tout nouveau ! Personne n'a jamais tracé un tel chemin sur lequel on prie pour ses ennemis, sur lequel on pardonne toujours, sur lequel on partage sans compter, sur lequel on se remet entièrement entre les mains de Dieu Père !

Aimer

Jésus appelle à aimer ! Rien d'autre ! Jésus annonce et montre aux humains que seul l'amour est capable de transformer la terre en royaume d'égaux enfants du Père.

Partis

Ils partent sur le chemin
car dans leur cœur
et dans leur vie chantent
les inoubliables paroles de Jésus !

Ils partent
ouvrir les bras
à ceux qui sont blessés
par les soucis
et les peurs aussi
de chaque jour
afin de leur présenter,
en quotidien cadeau,
leur tendresse offerte.

Dans leur mémoire brillent
pareilles à des flammes de feu
les inoubliables paroles de Jésus !
Et ces paroles en eux
sont comme un appel
pressant à continuer
sur la terre
l'œuvre d'amour et de paix
que le Seigneur Jésus
a commencé en donnant sa vie
pour sauver le monde !

REGARDS

Le pays de JÉSUS

Caractéristiques (voir carte page 35)

C'est un petit pays. Seuls 114 kilomètres séparent les villes de Nazareth et de Jérusalem. L'eau, si précieuse, est rare dans certaines régions. Le désert s'étend sur une partie du territoire. Cette terre a une longue histoire qui débute bien avant - 63, date à laquelle les troupes romaines occupent le pays. Elle est située au croisement des civilisations et des continents africain, asiatique et européen. Chaque endroit renferme une quantité de souvenirs.

Jérusalem, ruines d'une synagogue

Les régions

Elles sont au nombre de trois :
- *la Galilée*, au nord, a un climat agréable et propice à l'agriculture. De charmants vergers, des oliveraies et des champs cultivés occupent les sols.
- *la Samarie*, au centre, est jalonnée de moyennes montagnes. Elle est une voie de passage traditionnellement empruntée pour se rendre de la côte méditerranéenne vers le Jourdain.
- *la Judée*, au sud, est une région montagneuse. Le climat souvent désertique est rude. Les moyens de subsistance sont peu nombreux et la culture des céréales difficilement praticable.

Les villes

Les autorités siègent à *Jérusalem*, la capitale. Le Temple est le centre religieux du pays. Jésus sera exécuté à *Jérusalem*. En Judée, *Bethléem*, l'ancienne cité de David, est, d'après les évangélistes, le lieu

La Judée

de naissance de Jésus. Il a passé la plus grande partie de sa vie à *Nazareth*, une petite localité de Galilée. Il a commencé son action dans la région de Capharnaüm, la ville de l'apôtre Pierre.

La géographie

La Mer Méditerranée, qu'on appelait la «*Grande Mer*», s'étend à l'ouest. À l'est, le *Jourdain* coule dans une vallée profonde. Ce fleuve traverse le lac de *Tibériade* en direction de la *Mer Morte*, dénommée «*Mer Salée*». Elle tient ce nom de la forte teneur en sel de son eau.

On peut diviser le pays en quatre bandes parallèles à partir de la mer :

- une plaine côtière qui se rétrécit vers le nord,
- une chaîne de montagnes dont certains sommets dépassent 1000 mètres. Désertique au sud, elle est jalonnée de riches vallées au nord,
- la vallée du Jourdain forme le fossé le plus profond du monde. La surface de la Mer Morte est à près de 400 mètres au-dessous du niveau de la mer. Certains sommets des plateaux «d'au-delà» du Jourdain atteignent plus de 1200 mètres.

Aujourd'hui

Le lac de Tibériade

Une grande partie du pays où a vécu Jésus appartient actuellement à *Israël*, et comporte des territoires autonomes *palestiniens*. Les pays voisins sont au nord le Liban, à l'est la Syrie et la Jordanie, au sud l'Égypte.

Titres déjà parus :

. La création
. Jésus enfant
. Jésus appelle

À paraître en janvier 1998 :

. La famille d'Abraham
. Moïse
. Jésus guérit

Le pays de Jésus

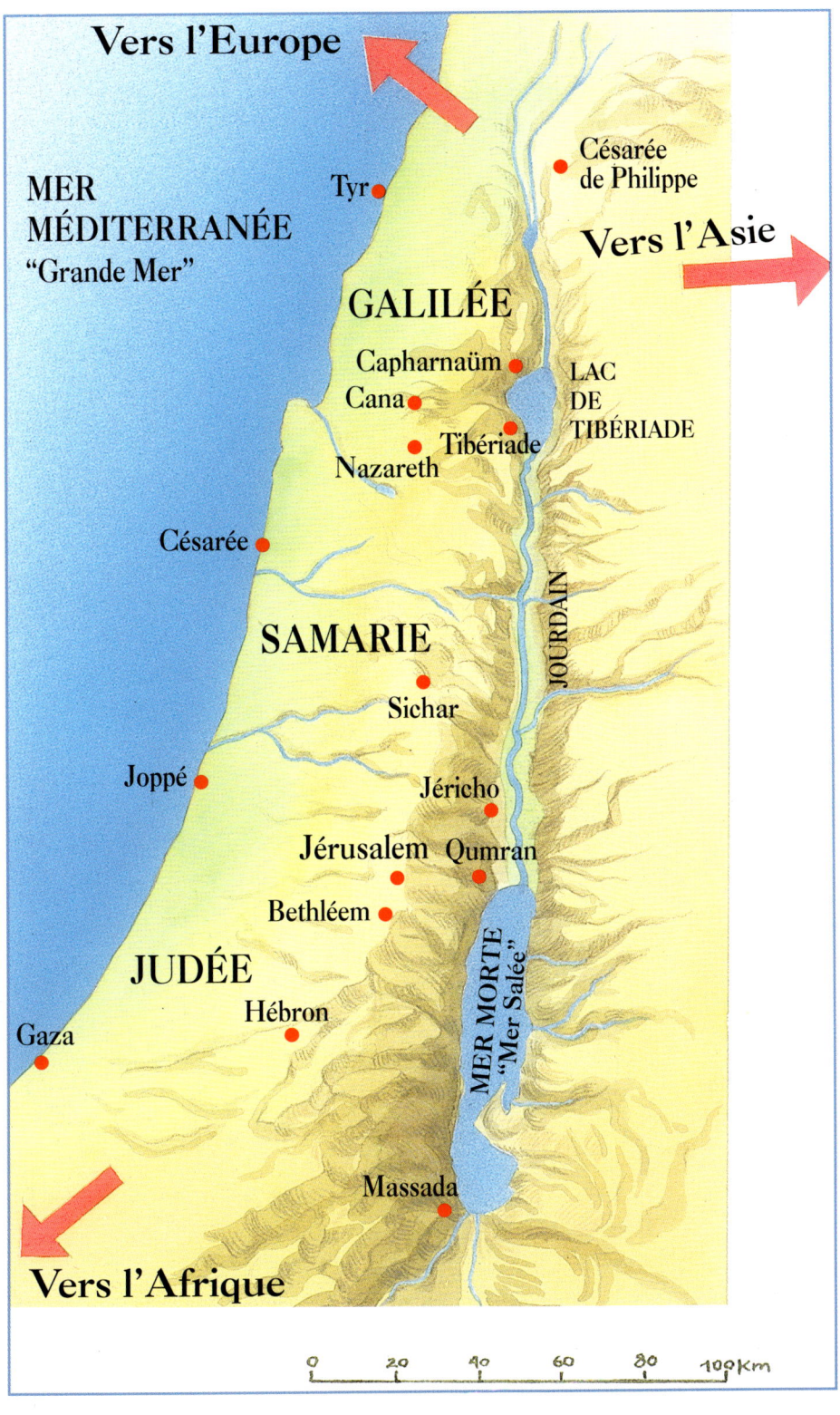

TEXTES

Albert HARI - Charles SINGER

ICONOGRAPHIE

Sandrine WINTER

PHOTOGRAPHES

Frantisek ZVARDON

Alsace MÉDIA

Patrice THÉBAULT

ILLUSTRATEURS

Mariano VALSESIA

Betti FERRERO

MIA. Milan Illustrations Agency

MISE EN PAGE

Studio Graphique B.BAYLE

ÉDITIONS DU SIGNE

© ÉDITIONS DU SIGNE 1997
BP 94 - 67038 STRASBOURG
CEDEX 2 FRANCE
ISBN 2-87718-549-4
Printed in Italy
by Albagraf, Roma